ELEGIA

Livros do autor na Coleção **L&PM** Pocket:

A barcarola
Cantos cerimoniais (Edição bilíngüe)
Cem sonetos de amor
Coração amarelo (Edição bilíngüe)
Crepusculário (Edição bilíngüe)
Elegia (Edição bilíngüe)
Jardim de inverno (Edição bilíngüe)
Livro das perguntas (Edição bilíngüe)
Residência na terra 1 (Edição bilíngüe)
Residência na terra 2 (Edição bilíngüe)
A rosa separada (Edição bilíngüe)
Terceira residência (Edição bilíngüe)
Últimos poemas
As uvas e o vento

PABLO NERUDA

ELEGIA

Tradução de Olga Savary

Edição bilíngüe

www.lpm.com.br

L&PM POCKET

Coleção **L&PM** Pocket, vol. 433

Título do original espanhol: *Elegia*

Primeira edição na Coleção **L&PM** POCKET: maio de 2005

capa: Ivan Pinheiro Machado sobre óleo Alexis Davishenko (Galeria Miskin, Moscou)
tradução: Olga Savary
revisão: Renato Deitos e

ISBN: 85.254.1418-2

N454j Neruda, Pablo, 1904-1973.
Elegia / Neftali Ricardo Reyes; tradução de Olga Savary.
-- Porto Alegre: L&PM, 2005.
88 p. ; 18 cm. -- (Coleção L&PM Pocket)

Nota: Edição bilíngüe: espanhol-português.

1.Ficção chilena-poesias. 2.Reyes, Neftali Ricardo, 1904-1973. I.Título. II.Série.

CDD Ch861
CDU 821.134.2(8)-1

Catalogação elaborada por Izabel A. Merlo, CRB 10/329

Porto Alegre: Rua Comendador Coruja 314, loja 9 - 90220-180
Floresta - RS / Fone: 51.3225.5777
Pedidos & Depto. comercial: vendas@lpm.com.br
Fale conosco: info@lpm.com.br
www.lpm.com.br

Impresso no Brasil
Outono de 2005

Elegia é uma visão do presente e do passado do país que para o poeta foi a imagem de seu ideal projetado de vida: a Rússia revolucionária, isto é, não o inferno sufocante do stalinismo, mas sim o sonho que – de Maiakóvski a Nazim Hikmet – inflamou tantos companheiros de amizade ou de combate.

Nestes poemas, a elegia é um ponto de partida, pois se neles Neruda chora a morte de amigos íntimos ou de escritores de sua admiração (como nos casos de Maiakóvski, Nazim Hikmet e "Ilya Grigoriovich, o enrugado, o hirsuto Ehrenburg"), conversa também com o polêmico Evtuchenko; e, se recorda acontecimentos cheios de luto e de tristeza, hasteará também a bandeira da esperança porque é "o passado que canta e que crepita/ como uma ave de fogo".

Nos comovidos poemas de *Elegia* – feitos de rápidas pinceladas, de violentas e contundentes associações imagísticas e verbais – pulsa o ontem imemorial e remoto da Rússia agrária, a queda da cintilação do pesadelo czarista e o fulgor daqueles anos, nos quais toda uma geração via um povo disposto a mudar o mundo.

Os editores

I

QUÉ SE llevó La Casa?
Benéfica ironía, rectitud
de nacimiento y de conocimiento:
su anterior compañía de Madrid,
el secreto heroísmo
de un corazón cansado!
Ay compañero muerto!

Caminando de nuevo,
despuntando el invierno y la aspereza
del campo, espinas, zarzas, cordilleras,
en mi patria espinosa,
recuerdo a Alberto y su cara de cóndor,
el escultor de manos de metal
que hizo de las substancias despreciadas,
esparto, hierros rotos, palos muertos,
un poderoso Reino.

Allí en Moscú, bajo la nieve,
yace el duro esqueleto toledano
de mi buen compañero. Compañero!

I

Que fim levou La Casa?
Benéfica ironia, retidão
de nascimento e de conhecimento:
sua anterior companhia de Madri,
o secreto heroísmo
de um coração cansado!
Ai companheiro morto!

Caminhando de novo,
despontando o inverno e a aspereza
do campo, espinhos, sarças, cordilheiras,
em minha pátria espinhosa,
recordo Alberto e sua cara de condor,
aquele escultor de mãos de metal
que fez das substâncias desprezadas,
esparto, ferros tortos, troncos mortos,
um poderoso Reino.

Ali em Moscou, debaixo da neve,
jaz o duro esqueleto toledano
de meu bom companheiro. Companheiro!

II

QUÉ PERDÍ, qué perdimos
cuando Nazim cayó como una torre,
como una torre azul que se desploma?

Si me parece a veces
que el sol se fue con él porque era el día,
era Nazim un gran día dorado,
y cumplió su deber de amanecer
a pesar de cadenas y castigos:
Adiós, resplandeciente compañero!

Savich suavísimo entre San Basilio
y las viviendas del Aeroport,
o en el barrio de Arbat, aún misterioso,
trasvasijando mi chileno vino
al cuero de tambor de su lenguaje.
Savich, contigo se perdió la abeja
de oro,
que fundó allí la miel de mi colmena!
Mi suave amigo, camarada puro!

II

Que perdi, que perdemos
quando Nazim caiu como uma torre,
como uma torre azul que desmorona?

Às vezes me parece
que o sol se foi com ele porque era o dia,
era Nazim um grande dia dourado,
e cumpriu seu dever de amanhecer
apesar de cadeias e castigos:
Adeus, resplandecente companheiro!

Savich suavíssimo entre São Basílio
e as vivendas do Aeroporto,
ou no bairro de Arbat, ainda misterioso,
trasvasando meu chileno vinho
para os tambores de sua linguagem.
Savich, contigo perdeu-se a abelha
de ouro,
que ali fundou o mel de minha colméia!
Meu suave amigo, camarada puro!

III

Ahora, mientras voy
pisando una vez más mi propia arena
Ilya Grigoriovich, el arrugado,
el hirsuto Ehrenburg, ha vuelto a verme
para burlarse un poco de mi vida
y dándome la luz a su manera,
entre desilusión, severidad,
firmeza, desaliento, valentía,
y además, tanto más, su generosa
dacha, su corazón inexorable
como una vieja espada
en cuya empuñadura cinceló
una rosa de Francia
como un amor sacrílego y secreto.
Ay incómodo amigo,
ay hermano mayor, voy caminando
sin tu áspera ternura,
sin la lección de tu sabiduría!

III

Agora, enquanto vou
pisando uma vez mais minha própria areia,
Ilya Grigoriovich, o enrugado,
o hirsuto Ehrenburg, voltou a ver-me
para rir um pouco de minha vida
e dando-me a luz à sua maneira,
entre desilusão, severidade,
firmeza, desalento, valentia,
e além disso, ainda mais, sua generosa
dacha, seu coração inexorável
como uma velha espada
em cuja empunhadura cinzelou
uma rosa da França
como um amor sacrílego e secreto.
Ai descontente amigo,
ai irmão maior, vou caminhando
sem tua áspera ternura,
sem a lição de tua sabedoria!

IV

Una lágrima ahora
por otro mas, por otro, campanero
éste, de cascabel y campanario,
loco de carcajada,
inventor soberano,
de circo mágico y de poesía,
Kirsanov, Sioma, hermano
cuya muerte recién, hace diez horas
supe, diez horas sin creer,
sin aceptar, tan lejos, aquí, ahora,
esta noticia fría,
esta muerte de uñas heladas
que apretó hasta callar su claro canto.

Él era mi alegría,
mi pan alegre, la felicidad
del vino compartido
y del descubrimiento
que iba marcando con su minutero:
la gracia fabulosa
de mi buen compañero cascabel.

Ay, sí, ya sin sonido,
enterrado, robándose al silencio

IV

Uma lágrima agora
por outro mais, por outro, tilintando
guizos de cascavéis e campanários,
louco de gargalhada,
inventor soberano,
de circo mágico e de poesia,
Kirsanov, Sioma, irmão
cuja morte recente, há dez horas
soube, dez horas sem acreditar,
sem aceitar, tão longe, aqui, agora,
esta notícia fria,
esta morte de unhas geladas
que apertou até calar seu claro canto.

Ele era minha alegria,
meu pão alegre, a felicidade
do vinho compartilhado
e do descobrimento
que ia marcando com seu ponteiro:
a graça fabulosa
de meu bom companheiro tilintante.

Ai, sim, já sem um som,
enterrado, furtando-se ao silêncio

para siempre con su chisporroteo
y su reverberante poesía,
algo que era mi parte de la fiesta,
mi copa, la que no levantaré
hoy en la sombra de mi compañero,
en el silencio de mi compañero,
en la luna quebrada que derrama
llanto, llanto de nieve
sobre la tumba de mi compañero.

para sempre com sua cintilação
e sua reverberante poesia,
algo que era minha parte da festa,
minha taça, a que não levantarei
hoje na sombra de meu companheiro,
no silêncio de meu companheiro,
na lua estilhaçada que derrama
pranto, pranto de neve
sobre o túmulo de meu companheiro.

V

Moscú, ciudad de grandes alas,
albatros de la estepa,
con el nido del Kremlin corruscante
y San Basilio y su juguetería,
ciudad también de alma rectangular,
de barrios infinitamente grises,
cubos recién salidos de la usina
y serpenteando como un brazo amado
el río
en la cintura de la fortaleza.

Ciudad más silenciosa y poderosa
tal vez, en su vejez de estrella gótica,
tal vez en el recóndito dominio
de catedrales encaracoladas
de mediopuntos que se rebajaron
hasta agachar las duras estaturas
del Zar Iván y Stalin el terrible,
centro del tiempo a veces sumergido
y otras veces tan algo y cenital
que se divisa por toda la tierra:
antiguas piedras, santos verticales,
templos oscuros como cárceles,
cúpulas de pezones dorados,

V

MOSCOU, cidade de grandes asas,
albatroz da estepe,
com o ninho do Kremlin coruscante
e São Basílio e sua parafernália,
cidade também de alma retangular,
de bairros infinitamente cinzentos,
cubos recém-saldos da usina
e serpenteando como um braço amado
o rio
cingindo a cintura da fortaleza.

Cidade mais silenciosa e poderosa
talvez, antiga como estrela gótica,
quem sabe no recôndito domínio
de catedrais encaracoladas
de arcos plenos que se rebaixaram
até agachar as duras estaturas
do Czar Ivan e Stalin, o Terrível,
centro do tempo às vezes submergido
e outras vezes tão única e zenital
que se divisa por toda a terra:
antigas pedras, santos verticais,
templos escuros como cárceres,
cúpulas de estiletes dourados,

salas de baile blancas donde flotan
nombres condecorados que cayeron
como claveles rojos en la guerra:
y una energía ardiente y silenciosa
como una hoguera debajo del mar.

brancos salões de baile onde flutuam
nomes condecorados que caíram
como cravos vermelhos na batalha
e uma energia ardente e silenciosa
como fogueira debaixo do mar.

VI

Alberto, el toledano,
entre árbol y escultor, cara de hueso,
llegó de aquel exilio
procesional de España y de sus guerras,
y aquí otra vez viví con sus quimeras:
su monumento a la Bandera Roja,
aguja heroica, obelisco futuro,
creyó ver en la Plaza de Moscú
clavando hasta la altura de la gloria
el triunfo gigantesco.
Pero el falso realismo
condenó sus estatuas al silencio,
mientras abominables, bigotudas
estatuas plateadas o doradas,
se implantaban en plantas y jardines.

Volví a hablar como ayer, como en España
com él, con sus fantasmas toledanos.

Mi grande Alberto, hambriento
de su dura Castilla natalicia,
Fabulador, mitólogo, magnético,

VI

Alberto, o toledano,
entre árvore e escultor, cara ossuda,
chegou daquele exílio
processional da Espanha e de suas guerras,
e aqui outra vez vivi com suas quimeras:
seu monumento à Bandeira Vermelha,
agulha heróica, obelisco futuro,
pensou ver na Praça de Moscou
cravando até a altura da glória
o triunfo gigantesco.
Mas o falso realismo
condenou suas estátuas ao silêncio,
enquanto abomináveis, bigodudas
estátuas, prateadas e douradas,
se implantavam entre plantas e jardins.

Voltei a falar como ontem e na Espanha
com ele e seus fantasmas toledanos.

Meu grande Alberto, faminto
de sua dura Castela natalícia,
fabulador, mitólogo, magnético,

inventor de las formas, panadero,
por qué tú te tenías que morir,
tú también con tu cara de martillo
y tu gran corazón de pan silvestre?

inventor das formas e padeiro,
por que tu terias de morrer,
também tu com tua cara de martelo
e o grande coração de pão silvestre?

VII

Y TAMBIÉN TÚ, ciudad rectangular,
inaceptable y lógica, nacida
del apresuramiento y de la guerra,
brotada del cemento renacido
y de tanta ceniza ensangrentada,
ciudad excelsa de la gloria pura
y de ridículas edificaciones,
altas como pasteles para el cielo,
y sin embargo existes,
oh pululante, oh palpitante vida,
oh ciudad del milagro
que agrega vidas a todas las vidas
y crece como selva rápida,
como aparición colectiva,
porque es verdad que son más bellos
el techo, la pared, la cerradura,
que el arco iris de siete cobres
donde no puede vivir nadie.

VII

E TAMBÉM TU, cidade retangular,
inaceitável e lógica, nascida
do apressuramento e da guerra,
brotada do cimento renascido
e de tanta cinza ensangüentada,
cidade excelsa da glória pura
e de ridículas edificações,
erguidas como pastéis para o céu,
e no entanto existes,
oh pululante, oh palpitante vida,
oh cidade do milagre
que agrega vidas a todas as vidas
e cresce como selva rápida,
como aparição coletiva,
porque é verdade que são mais belos
o teto, a parede e a fechadura
que o arco-íris de sete cores
onde não pode viver ninguém.

VIII

Yo llegué cuantas veces
a la amistad
y a los fríos hoteles
siempre desinfectados
hasta que me quedé por muchas veces
en el antiguo «Nacional» mullido
como poltrona suave:
el siglo diecinueve
iluminó con velas sus espejos
sus mármoles, sus ángeles dotados,
sus techados con ninfas pudorosas
hasta aquel día en que un pequeño barbudo,
empapelado por las nuevas leyes,
dictó desde esta misma habitación
decretos para que sol y luna
acero, trigo, escuelas,
se vieran nuevas en el mundo:

Lenin limpió la vida
del planeta,
verificó el desorden existente
y contó cada cosa para no perder nada:
– sólo lo muerto fue a la tumba
y sólo el mal se escondió en el pasado:

VIII

VÁRIAS vezes cheguei
a amizade
e aos frios hotéis
sempre desinfetados
até que fui parar por muitas vezes
no antigo Nacional acolhedor
como poltrona suave.
O século dezenove
iluminou com velas seus espelhos,
seus mármores, seus anjos dourados,
seus tetos com ninfas pundonorosas
até o dia em que um barbudinho,
fortalecido pelas novas leis,
promulgou desta mesma habitação
decretos para que sol e lua,
aço, trigo e escolas,
se tornassem novas no mundo:

Lenin limpou a vida
do planeta,
verificou a desordem existente
e contou cada coisa para não perder nada
somente o morto foi para o túmulo
e só o mal se escondeu no passado.

Moscú a través de sus padecimientos
instauró la limpieza de la historia
mientras como una baraja de cobres
el Kremlin esparció sus viejas cartas,
sus antiguos secretos,
y la revolucionaria primavera
entró a sentarse en sus habitaciones.

Moscou através de seus padecimentos
instaurou a limpeza da história
enquanto como um baralho de cores
o Kremlin distribuiu suas velhas cartas,
seus antigos segredos,
e a revolucionária primavera
passou a sentar-se em suas habitações.

IX

Las palomas visitaron a Pushkin
y picotearon su melancolía:
la estatua de bronce gris habla con las palomas
con paciencia de bronce:
los pajaros modernos
no le entienden,
es otro ahora el idioma
de los pájaros
y con briznas de Pushkin
vuelan a Maiakovski.
Parece de plomo su estatua,
parece que estuviera
hecha de balas:
no hicieron su ternura
sino su bella arrogancia:
si es un demoledor
de cosas tiernas,
cómo pudo vivir
entre violetas,
a la luz de la luna,
en el amor?

Algo le falta siempre a estas estatuas
fijas en la dirección del tiempo

IX

As pombas foram visitar Pushkin
e bicaram sua melancolia:
a estátua de bronze cinza faia com as pombas
com paciência de bronze:
os pássaros modernos
não o entendem,
é outro agora o idioma
dos pássaros
que transferem seus ninhos
de Pushkin a Maiakóvski.
Parece de chumbo sua estátua,
é como se estivesse
feita de balas:
não fizeram sua ternura
mas sim sua bela arrogância;
se é um demolidor
de coisas ternas,
como pôde viver
entre violetas,
à luz da lua,
no amor?

Algo falta sempre a estas estátuas
fixas na direção do tempo

o ensartan puntualmente
el aire con cuchillo militar
o lo dejan sentado (como a Gogol)
transformado en turista de jardín,
y otros hombres, cansados del caballo,
ya no pudieron bajar a comer
En verdad son amargas las estatuas
porque el tiempo se queda
depositado en días, oxidado,
y aunque las flores llegan a cubrir
sus fríos pies, las flores no son besos,
llegan allí también para morir.

Palomas blancas, diurnas,
y poetas nocturnos
giran alrededor de los zapatos
de Maiakovski férreo,
de su espantoso chaquetón de bronce
y de su férrea boca sin sonrisa.

Yo alguna vez ya tarde, ya dormido,
en ciudad, desde el río a las colinas,
oí subir los versos, la salmodia
de los recitativos recitantes.

ou trespassam pontualmente
o ar com espada militar
ou deixam-no sentado (como Gogol)
transformado em turista de jardim,
e outros homens, cansados do cavalo,
não puderam descer para comer.
Na verdade são amargas as estátuas
porque o tempo se queda
depositado nelas, oxidado,
e ainda que as flores cheguem a cobrir
seus frios pés, as flores não são beijos
e chegam ali também para morrer.

Pombas brancas, diurnas,
e poetas noturnos
giram à volta dos sapatos
do Maiakóvski de ferro,
de seu espantoso jaquetão de bronze
e de sua férrea boca sem sorriso.

Muitas vezes já tarde, adormecido,
na cidade, do rio até as colinas,
escutei subir os versos, os salmos
dos recitativos recitantes.

Vladimir escuchaba?
Escuchan las estatuas?
Parecía furioso,
su gesto no admitía verso alguno:
tal vez la estatua es concha, caracola
de mármol, bronce o piedra
de un animal herido que se fue
y dejó este vestigio congelado,
un ademán, un movimiento inmóvil,
el despojo del alma.

Vladirnir escutava?
Escutam as estátuas?
Parecia furioso,
seu gesto não admitia verso algum:
quem sabe a estátua é concha, caracol
de mármore, bronze ou pedra
de um animal ferido que se foi
e deixou este rastro congelado,
um acenar, um movimento imóvel,
o despojo da alma.

X

Hay una hora cuando cae el día,
la primera advertencia de ceniza,
la luz sacude su cola de pez,
el agua seca del atardecer
baja desde las torres:
pienso que es hoy
cuando debo pasear
solo por estas calles,
dejar la arteria Gorki, disiparme
como un aparecido transparente
en el viejo Moscú de las callejas
que aún se sostienen, isbas
con ventanas de marcos de madera
cortadas por tijeras celestiales,
por manos campesinas,
casas de color rosa y amarillo,
verde inocente, azul de ojos de ángel,
casas angelicales
salidas como brota la legumbre
de las tierras honradas:
viejo Moscú de iglesias minúsculas,
cúpulas con caderas de oro,
humo antiguo que vuela
desde las chimeneas
y las antenas de televisión.

X

Naquela hora quando cai o dia,
a primeira advertência de cinza,
a luz sacode sua cauda de peixe,
a água seca do entardecer
vem descendo das torres,
penso que é hoje
quando devo passear
sozinho por estas ruas,
deixar a avenida Gorki, dissipar-me
como uma aparição transparente
na velha Moscou com suas vielas
que ainda perduram, isbás
com janelas de marcos de madeira
cortadas por tesouras celestiais,
pelas mãos camponesas,
casas cor-de-rosa e amarelo,
verde inocente, azul de olhos de anjo,
casas angelicais
surgidas como brota o legume
das terras honradas,
velha Moscou de igrejas minúsculas,
cúpulas com ancas de ouro,
fumaça antiga que voa
das chaminés
e as antenas de televisão.

XI

EVTUCHENKO es un loco,
es un clown, así dicen con boca cerrada.
Ven Evtuchenko,
vamos a no conversar,
ya lo hemos hablado todo
antes de llegar a este mundo,
y hay en tu poesía
rayos de luna nueva,
pétalos electrónicos,
locomotoras,
lágrimas,
y de cuando en cuando, hola!
arriba!, abajo!
tus piruetas, tus altas acrobacias.
Y por qué no un payaso?

Nos faltan en el mundo
Napoléon, un clown de las batallas,
(perdido más tarde en la nieve),
Picasso, clown del cosmos,
bailando en el altar
de los milagros,
y Colón, aquel payaso triste
que humillado en todas las pistas,
nos descubrió hace siglos.

XI

Evtuchenko é um louco,
é um clown, é o que todos dizem entre dentes.
Vem, Evtuchenko,
vamos não conversar,
já falamos tudo
antes de chegar a este mundo,
e há em tua poesia
raios de lua nova,
pétalas eletrônicas,
locomotoras,
lágrimas,
e de vez em quando, opa!
Avante! Abaixo!
Tuas piruetas, altas acrobacias.
E por que não um palhaço?

Faz falta no mundo
Napoleão, um *clown* das batalhas
(perdido mais tarde na neve),
Picasso, *clown* do cosmo,
dançando no altar
dos milagres,
e Colombo, aquele palhaço triste
que humilhado em todas as pistas
nos descobriu há séculos.

Sólo al poeta no quieren dejarlo,
quieren robarle su pirueta,
quieren quitarle su salto mortal.

Yo lo defiendo
contra los nuevos filisteos.
Adelante Evtuchenko,
mostremos en el circo
nuestra destreza y nuestra tristeza,
nuestro placer de jugar con la luz
para que la verdad relampaguee
entre sombra y sombra.
Hurrah!
ahora entremos,
que se apague la sala y con un reflector
alúmbrenos las caras
para que así puedan ver
dos alegres pájaros
dispuestos a llorar con todo el mundo.

Só ao poeta querem proibir,
querem roubar-lhe a pirueta,
querem tirar-lhe seu salto mortal.

Eu o defendo
contra os novos filisteus.
Para frente, Evtuchenko,
vamos mostrar no circo
nossa destreza e nossa tristeza,
nosso prazer de brincar com a luz
para que a verdade solte lampejos
entre uma e outra sombra.
Hurra!
Agora entremos,
que se apague a sala e com um refletor
iluminemos as caras
para que assim possam ver
dois alegres pássaros
dispostos a chorar com todo o mundo.

XII

Los vivos, aún vivientes,
el amor del poeta de bronce,
una mujer más frágil que un huevo de perdiz,
delgada como el subido del canario salvaje,
una llamada Lily Brik es mi amiga,
mi vieja amiga mía. No conoci su hoguera:
y sólo su retrato en las cubiertas
de Maiakovski me advirtieron
que fueron estos ojos apagados
los que encendieron púrpura soviética
en la dimensión descubierta.

Aqui Lily, aún fosforecente
desde su puñadito de cenizas
con una mano en todo lo que nace,
con una rosa de recibimiento
a todo golpe de ala que aparece,
herida por alguna tardía pedrada
destinada hoy aún a Maiakovski:
dulce y bravía Lily, buenas noches,
dame otra vez tu copa transparente
para beber de un trago y en tu honor
el pasado que canta y que crepita
como un ave de fuego.

XII

Os VIVOS, ainda viventes,
o amor do poeta de bronze,
uma mulher mais frágil que um ovo de perdiz,
delgada como o trinado do canário selvagem,
alguém chamada Lily Brik é minha amiga,
velha amiga minha. Não conheci sua fogueira
mas somente seu retrato nas capas
de Maiakóvski me advertiram
que foram estes olhos apagados
os que acenderam púrpura soviética
na dimensão descoberta.

Aqui Lily, ainda fosforescente
do seu pequeno punhado de cinzas
com uma mão em tudo o que nasce,
com uma rosa de recebimento
a todo golpe de asa que aparece,
ferida por alguma tardia pedrada
destinada ainda hoje a Maiakóvski,
doce e bravia Lily, boa-noite,
dá-me outra vez tua taça transparente
para beber de um trago e em teu louvor
o passado que canta e que crepita
como uma ave de fogo.

XIII

DETENGÁMONOS, debo dejar un beso
a Akmadulina: éste es el café, está oscuro,
no hay que tropezar con las sillas;
allí, allí en aquel rincón brilla su pelo,
su bella boca está encendida
como un clavel de Granada
y no es de lámparas aquella luz azul
sino los ojos de la irracional,
de la pantera que sale del bosque
mordiendo un ruiseñor,
es ella, que a la vez
rosa del destino, cigarra de la luna,
canta lo incomprensible y lo más claro,
se hace un collar de mágicas espinas
y no está cómoda en ninguna parte
como una sirena recién salida del mar
invitada a nadar en el desierto.

XIII

DETENHAMO-NOS, devo deixar um beijo
para Akmadulina: este é o café, está escuro,
há que evitar tropeçar nas cadeiras;
ali, naquele canto, brilha seu cabelo,
sua bela boca está incendiada
como um cravo de Granada
e não é de lâmpadas aquela luz azul
mas sim os olhos da irracional,
é da pantera que sai da floresta
mordendo um rouxinol,
é ela, que ao mesmo tempo
rosa do destino, cigarra da lua,
canta o incompreensível e o mais claro,
se torna um colar de mágicos espinhos
e não está bem em nenhuma parte
como uma sereia recém-saída do mar
e convidada a nadar no deserto.

XIV

La nieve sobre el techo bajo mi ventana
y sobre el árbol de follage negro
dividiéndolo en dos, sobre las calles
un resplandor: se han llevado la nieve.

Más lejos, por sembrados y caminos,
por estepas, por cauces, cementerios,
sobre tantos dormidos o afiebrados
o fatigados, sobre regimientos,
hospitales, escuelas, la blancura,
la fría rosa blanca deshojada,
tan infinitamente silenciosa,
jugando apenas seriamente pura
o revoloteando un dulce baile
o rápidas, mortales, deslizándose
como puntas de estrellas asesinas
caen a tierra a hundirse y a morir:
pluma a pluma acumulan el silencio
hasta que sobre sábana nevada
yace la noche que cayó a la estepa,
la torre desgranada de la altura.

XIV

A NEVE no teto sob minha janela
e sobre a árvore de folhagem negra
dividindo-a em dois, sobre as ruas
um resplendor: cobriram-se de neve.

Além, por sementeiras e caminhos,
por estepes, por rios e cemitérios,
sobre tantos febris ou adormecidos
ou fatigados, sobre regimentos
e hospitais e escolas, a brancura,
a fria rosa branca desfolhada,
tão infinitamente silenciosa,
brincando apenas seriamente pura
ou dando voltas num doce bailado
ou rápidas e mortais, deslizando
como pontas de estrelas assassinas
caem na terra a fundir-se e a morrer:
pluma a pluma acumulam o silêncio
até que sobre o lençol nevado
jaz a noite caída na estepe,
a torre debulhada da altura.

XV

Lo sé, lo sé, con muertos no se hicieron
muros, ni máquinas, ni panaderías:
tal vez así es, sin duda, pero
mi alma no se alimenta de edificios,
no recibo salud de las usinas,
ni tampoco tristeza.
Mi quebranto es de aquellos
que me anduvieron, que me dieron sol,
que me comunicaron existencias,
y ahora qué hago con el heroísmo
de los soldados y los ingenieros?
Dónde está la sonrisa
o la pintura comunicativa,
o la palabra enseñante,
o la risa, la risa,
la clara carcajada
de aquellos que perdí por esas calles,
por estos tiempos, por estas regiones
en donde me detuve y continuaron
ellos, hasta terminar sus viajes?

XV

Sei, bem sei, com mortos não se fizeram
muros, nem máquinas, nem padarias;
talvez seja assim, sem dúvida, mas
minha alma não se nutre de edifícios,
não recebo saúde das usinas,
nem tampouco tristeza.
Meu quebranto é daqueles
que me precederam, me deram sol,
que me comunicaram existências,
e agora que faço com o heroísmo
dos soldados e dos engenheiros?
Onde está o sorriso
ou a pintura comunicativa,
ou a palavra que ensina,
ou o riso, o riso,
a clara gargalhada
daqueles que perdi por essas ruas,
por estes tempos, por estas regiões
onde me detive e eles continuaram
até que terminassem suas viagens?

XVI

En ciertas aguas, en un territorio,
puerto, ciudad, campiña,
allí cierta ternura
nos esperaba o se reconstruyó.
Y la pregunta para todo humano
es saber si se agota el mineral,
esa condición del alma,
si persiste después como raíz,
como bloque enterrado
o si se fue con los que ya se fueron.
Si lo que queda aún en los rincones
de los sobrevivientes
está ya preparado para irse,
así sin despedirnos,
y entonces, cómo llegar y estrellarse
con las máscaras nuevas,
con palabras veloces
que vuelan resbalando en nuevas calles,
en nuevos laberintos?
El tiempo nos había acostumbrado
a este rostro, a estos ojos amarillos,
a esta razón, a este padecimiento,
y si ahora no están, cómo aprender
de nuevo el alfabeto de la vida?

XVI

Em certas águas, em um território,
porto, cidade, campina,
ali certa ternura
nos esperava ou se reconstruiu.
E a pergunta para todo humano
é saber se se esgota o mineral,
essa condição da alma,
se persiste depois como raiz,
como bloco enterrado
ou se se foi com os que já se foram.
Se o que fica ainda nos rincões
dos sobreviventes
está já preparado para ir embora,
assim sem despedida,
e então como chegar e se chocar
com as máscaras novas,
com palavras velozes
que voam resvalando em novas ruas,
em novos labirintos?
O tempo nos havia acostumado
a este rosto, a esses olhos amarelos,
a esta razão, a este padecimento,
e se agora não estão, como aprender
novamente o alfabeto da vida?

XVII

TAL VEZ no nos despiertan
y seguimos
durmiendo en la hora dormida,
y rechazamos
lo que continúa,
la planta irrevocable
que persiste y que crece:
bien, es verdad, y qué hay con ello?

Por qué aceptar lo que no sustituye
al agua pura, al vino de la viña,
al pan profundo que era nuestro pan,
a las presencias insignes o impuras
que eran nosotros mismos y no están,
y no es porque están muertas,
sino porque no están, y no hay remedio.

XVII

TALVEZ não nos despertam
e seguimos
dormindo na hora dormida,
e rechaçamos
o que continua,
a planta irrevogável
que persiste e que cresce.
Bem, é verdade, e o que acontece?

Por que aceitar o que não substitui
a água pura, o vinho do vinhedo,
o pão profundo que era nosso pão,
as presenças insignes ou impuras
que éramos nós mesmos e não estão,
e não é porque estão mortas,
mas sim porque não estão, e não há remédio.

XVIII

Porque una cosa es que en libro y losa
graben los nombres, brillen o se apaguen.
No es eso, no, no se trataba de eso,
de la inmortalidad descascarada,
se trata de personas personales
con lo que amaban y lo que comían,
cada uno diverso, replegado
en su silencio o en su intensidad.

Y no echaré de menos ni de más,
no la importancia, sí la circunstancia,
el debe y el haber es cosa de otros,
de los encarnizados pertinaces,
yo quiero de ellos lo no fue nada,
un llegar a la casa en que respiras
y no es sólo aquel hombre y su mujer
sino aquel aire, y no decirse nada
para entenderse sobre lo imposible.

XVIII

Porque uma coisa é que em livro e lousa
gravem os nomes, brilhem ou se apaguem.
Não é isso, não, não se tratava disso,
da imortalidade descascada,
trata-se de pessoas pessoais
com o que amavam e o que comiam,
cada um diferente, envolvido
em seu silêncio ou em sua intensidade.

E não farei por menos nem por mais,
não a importância mas a circunstância,
dever e haver é coisa de outros,
dos encarniçados pertinazes,
eu quero deles o não foi nada,
um chegar à casa em que respiras
e não é só aquele homem e sua mulher
mas aquele ar, e não dizer-se nada
para se entender sobre o impossível.

XIX

La noche queda fuera del Aragby
como un mujik a quien no dejaron entrar
y ronda fascinado por risas y chaslik.

Que se diga de mi que fui un poeta
de la generación del Restaurant Aragby:
pertenezco al aroma del corderillo asado,
mi poesía às veces es como coles rojas
o como el vino en taza georgiana.

XIX

A NOITE fica fora do Aragby
como um mujique a quem não deixaram entrar
e ronda fascinado por risos e chaslique.

Que se diga de mim que fui um poeta
da geração do Restaurante Aragby:
pertenço ao aroma do carneirinho assado,
minha poesia ás vezes são repolhos roxos
ou como o vinho em taça georgiana.

XX

YO, PECADOR EN todo régimen,
con comedores de regiones remotas,
turcomanos, kirghises, caucásicos pastores,
me determino cantor y carnívoro:
me alborozan los cuerpos y la música,
la alegría profunda del estómago,
la voz de los sonámbulos violines.

XX

Eu, pecador em todo regime,
com comedores de regiões remotas,
turcomanos, quirguizes, caucásicos pastores,
me determino cantor e carnívoro:
me alvoroçam os corpos e a música,
a alegria profunda do estômago
e a voz dos sonâmbulos violinos.

XXI

Aquí el cristal es agua dura
de los montes soviéticos, este leño,
este acero nupcial de los cuchillos,
esta parábola de las cucharas,
este pan que florece como rosa,
estas frutas moradas, el arroz
que se multiplicó como la luz,
todo lo crea y lo reparte un pueblo,
un Octubre difícil y desnudo
que asumió una verdad desconocida
que creció tan fragante y numerosa
que se extendió hasta todos los hambrientos
llenando el mundo de panaderías.

Muchas vezes nevada
la Plaza Roja, o limpia
al sol, abierta, bajo los ladrillos
anaranjados de los viejos muros.

El sepulcro
de oscura piedra roja
tiene como una almendra el cuerpo frágil
de un hombre, y hace bien la piedra dura
resguardando la frente de marfil,

XXI

Aqui o cristal é água dura
dos montes soviéticos, este lenho,
este aço nupcial dos punhais,
esta parábola das colheres,
este pão que floresce como rosa,
estas frutas vermelhas, o arroz
que se multiplicou como a luz,
tudo isso cria e reparte um povo,
um outubro difícil e desnudo
que assumiu uma verdade ignorada
que cresceu tão fragrante e numerosa
que se estendeu a todos os famintos
povoando o mundo de padarias.

Muitas vezes nevada
a Praça Vermelha, ou limpa
ao sol, aberta, sob os ladrilhos
alaranjados dos antigos muros.

O sepulcro
da escura pedra vermelha
contém como uma amêndoa o corpo frágil
de um homem, e faz bem a pedra dura
resguardando a fronte de marfim,

las delicadas piernas y los pies
que cambiaron los pasos de la historia,
y allí vienen de lejos a mirarlo
como si alguna estrella de la noche
aquí recién caída sostuviera
al frágil constructor de la grandeza.

as delicadas pernas e os pés
que transformaram os passos da História,
e ali vêm de longe para olhá-lo
como se alguma estrela da noite
aqui recém-caída sustivesse
o frágil construtor da grandeza.

XXII

Ay, aquí tanta sangre, tanta guerra,
y cuánta seriedad, cuánta alegría!
Qué llevaban los ríos? Nieve y sangre.
Y qué eran las ciudades?
Sólo ceniza y humo.
Y aún así, desde sus destrucciones,
surgía la metralla,
relampagueaban los héroes.

XXII

AI, AQUI tanto sangue, tanta guerra,
e quanta seriedade e alegria!
Que levavam os rios? Neve e sangue.
E que eram as cidades?
Só cinza e fumaça.
E ainda assim, de suas destruições,
surgia a metralha,
relampejavam os heróis.

XXIII

Luego, adentro de Stalin,
entraron a vivir Dios y el Demonio,
se instalaron en su alma.
Aquel sagaz, tranquilo georgiano,
conocedor del vino y muchas cosas,
aquel capitán claro de su pueblo
aceptó la mudanza:
llegó Dios con un oscuro espejo
y él retocó su imagen cada día
hasta que aquel cristal se adelgazó
y se llenaron de miedo sus ojos.
Luego llegó el Demonio y una soga
le dio, látigo y cuerda.
La tierra se llenó con sus castigos,
cada jardín tenia un ahorcado.

XXIII

Logo, dentro de Stalin,
passaram a viver Deus e o Demônio,
instalaram-se em sua alma.
Aquele sagaz, calmo georgiano,
conhecedor do vinho e muitas coisas,
aquele capitão claro de seu povo
aceitou a mudança:
chegou Deus com um escuro espelho
e ele retocou sua imagem cada dia
até que o cristal se adelgaçou
e então se encheram de medo seus olhos.
Logo chegou o Demônio e uma soga
lhe deu, látego e corda.
A terra se encheu com seus castigos,
cada jardim tinha um enforcado.

XXIV

Cómo a la rectitud de tu doctrina
subieron estas curvas de serpiente
hasta que miedo y crimen se anudaron
y toda claridad fue exterminada?
Aún quedan semillas del dolor!
Tiempo maldito, entiérrate en su tumba!
Que nunca más la tierra deje entrar
la materia de dioses o demonios
al corazón de los gobernadores:
que no se muestre el cielo individual
o el caprichoso infierno solitario:
pégale con la piedra del Partido,
pícalo con la abeja colectiva,
rompe el espejo, córtale la soga,
para que en el jardín triunfe la rosa.

XXIV

Como à retidão de tua doutrina
subiram estas curvas de serpente
até que medo e crime se aninharam
e toda claridade foi exterminada?
Ficaram ainda sementes da dor!
Tempo maldito, enterra-te em seu túmulo!
Que nunca mais a terra deixe entrar
a matéria de deuses ou demônios
no coração dos governadores:
que não se mostre o céu individual
ou o caprichoso inferno solitário;
pune-o com a pedra do Partido,
pica-o com a abelha coletiva,
quebra o espelho, corta-lhe a soga,
para que no jardim triunfe a rosa.

XXV

Aire de Europa y aire de Asia
se encuentran, se rechazan,
se casan, se confunden
en la ciudad del límite:
liega el polvo carbónico de Silesia,
la fragancia vinícola de Francia,
olor a Italia con cebollas fritas,
humo, sangre, claveles españoles,
todo lo trae el aire, la ventisca
de tundra y taiga baila en la estepa,
el aire siberiano, fuerza pura,
viento de astro silvestre,
el ancho viento que hasta los Urales
con manos verdes como malaquita
plancha los caseríos, las praderas,
guarda en su centro un corazón de lluvia,
se desploma en arcángeles de nieve.

XXV

O AR DA Europa e o ar da Ásia
se encotram, se rechaçam,
se unem, se confundem
na cidade do limite:
chega o pó carbônico da Silésia,
a fragrância vinícola da França,
cheiro da Itália com cebolas fritas,
fumaça, sangue, cravos espanhóis,
o ar traz tudo isso, a nevasca
de tundra e taiga dança na estepe,
o ar siberiano, força pura,
vento de astro silvestre,
o amplo vento que até os Urais
com as mãos verdes como malaquita
alisa o casario, as pradarias,
guarda em seu centro um coração de chuva
e desmorona em arcanjos de neve.

XXVI

Oh línea de dos mundos que palpitan
desgarradoramente, ostentatorios
de lo mejor y de lo venenoso,
línea
de muerte y nacimiento, de Afrodita
fragante a jazmineros entreabiertos
prolongando su esencial divinidad
y el trigo justiciero de este lado,
la cosecha de todos, la certeza
de haber cumplido con el sueño humano:
oh ciudad lineal que como un hacha
nos rompe el alma en dos mitades tristes,
insatisfechas ambas, esperando
la cicatrización de los dolores,
la paz, el tiempo del amor completo.

XXVI

Oh linha de dois mundos que palpitam
tão desgarradoramente ostentatórios
do que é melhor e do que é venenoso,
linha
de morte e nascimento, de Afrodite
que cheira a jasmineiros entreabertos
prolongando sua essencial divindade
e o trigo justiceiro deste lado,
a colheita de todos, a certeza
de haver cumprido com o sonho humano:
oh cidade linear, como uma acha
nos parte a alma em duas metades tristes,
insatisfeitas ambas, esperando
pela cicatrização destas dores,
a paz, o tempo do amor completo.

XXVII

Porque yo, clásico de mi araucanía,
castellano de sílabas, testigo
del Greco y su familia lacerada,
yo, hijo de Apollinaire o de Petrarca,
y también yo, pájaro de San Basilio,
viviendo entre las cúpulas burlescas,
elaborados rábanos, cebollas
del huerto bizantino, apariciones
de los iconos en su geometría,
yo que soy tú me abrazo a las herencias
y a las adquisiciones celestiales;
yo y tú, los que vivimos en el límite
del mundo antiguo y de los nuevos mundos
participamos com melancolía
en la fusión de los vientos contrarios,
en la unidad del tiempo que camina.

La vida es el espacio en movimiento.

XXVII

Porque eu, clássico de minha araucânia,
castelhano de sílabas, testemunha
do Greco e sua família lacerada,
eu, filho de Apollinaire ou de Petrarca,
e também eu, pássaro de São Basílio,
vivendo entre as cúpulas burlescas,
elaborados rábanos, cebolas
do horto bizantino, aparições
dos ícones em sua geometria,
eu que sou tu me abraço às heranças
e às aquisições celestiais;
eu e tu, os que vivemos no limite
do mundo antigo e dos novos mundos
participamos com melancolia
na fusão dos ventos que são contrários,
na unidade do tempo que caminha.

A vida é o espaço em movimento.

XXVIII

SI BIEN más de un dolor, congoja, duelo,
terror, noche, silencio, recogieron
en esta amarga calle la sustancia
de la época maldita,
la calle no recuerda,
ni tampoco la sangre
de la desenfrenada guerra
guarda sus manchas, no.
La calle de Moscú está siempre nueva,
recién abierta,
y vive la frescura
en el arsenal de la aurora.

XXVIII

Se bem mais de uma dor, angústia, luto,
terror, noite, silêncio, recolheram
nesta amarga rua a substância
da época maldita,
a rua não se lembra,
nem tampouco o sangue
da desenfreada guerra
guarda suas manchas, não.
A rua de Moscou está sempre nova,
recém-aberta,
e vive o frescor
no arsenal da aurora.

XXIX

VIVEN ROCÍO, nieve, luna, lluvia
sobre calles y techos y trabajos,
sobre el sueño del hombre:
viva lo que nació y su crecimiento!

Salve ciudad de la marea humana
que tiembla y desarrolla
sus básicas banderas,
sus flores de metal, su espacio vivo!

Salve Moscú entre las ciudades,
ola del universo,
canal de este planeta!

XXIX

VIVEM ORVALHO, neve, lua, chuva
sobre ruas e tetos e trabalhos,
sobre o sonho do homem:
viva o que nasceu e seu crescimento!

Salve cidade da maré humana
que tremula e desfralda
suas básicas bandeiras,
suas flores de metal, seu espaço vivo!

Salve Moscou entre as cidades,
onda do universo,
canal deste planeta!

XXX

Con la primera nieve
de la Revolución, la nieve roja,
la pintura se fue con sus naranjas.
Vivió desenredando
sus cubos prodigiosos
en Berlín, en Paris, en Londres negro,
maduró en todas partes en su exilio,
iluminó con su contacto eléctrico
los muros extranjeros,
todo fue anaranjado
por la imaginería
de judíos y rusos transmigrados
que hicieron relucir otras estrellas.

Mientras tanto Moscú guardó en su caja,
en el Manège de las caballerizas,
una pintura muerta, los desvanes
de la pequeña burguesía, los
retratos de héroes y caballos
tan delicadamente bien pintados,
tan heroicos, tan justos, tan sagrados
como estampas de libros religiosos
en antesalas de hospital, gastados

XXX

Com a primeira neve
da Revolução, a neve vermelha,
a pintura se foi com suas laranjas.
Viveu desenredando
seus cubos prodigiosos
em Berlim, em Paris, em Londres negra,
maturou em toda parte em seu exílio,
iluminou com seu contato elétrico
os muros estrangeiros,
tudo foi alaranjado
pela imaginária
de judeus e russos transmigrados
que fizeram reluzir outras estrelas.

Enquanto Moscou guardou em sua arca,
no Manège das cavalariças,
uma pintura morta, os desvãos
da pequena burguesia, os
retratos de heróis e de cavalos
tão delicadamente bem pintados,
tão heróicos, tão justos, tão sagrados
como estampas de livros religiosos
em ante-salas de hospital, gastos

por la rutina de pintores muertos
que continuaron vivos todavía.

Ay, pero la pintura
transmigrante, irreal, imaginaria,
la naranja central, la poesía,
volverá a su morada maternal,
a su casa de nieve.

pela rotina de pintores mortos
que continuaram vivos todavia.

Ai, mas a pintura
transmigrante, irreal, imaginária,
a laranja central, a poesia,
voltará à sua morada maternal,
à sua casa de neve.

SOBRE O AUTOR

Ricardo Neftalí Reyes Basoalto nasceu na cidade chilena de Parral, em 12 de julho de 1904. Sua mãe era professora e morreu logo após o nascimento do filho. Seu pai, que era funcionário de ferrovia, mudou-se, alguns anos mais tarde, para a cidade de Temuco onde se casou novamente com Trinidad Candia Malverde. Ricardo passou a infância perto de florestas, em meio à natureza virgem, o que marcaria para sempre seu imaginário, refletindo-se na sua obra literária.

Em Temuco, conheceu a poetisa Gabriela Mistral, então diretora de uma escola, que muito se afeiçoou a ele.

Com treze anos, Ricardo começou a contribuir com alguns textos para o jornal *La montaña*. Foi em 1920 que surgiu o pseudônimo Pablo Neruda – uma homenagem ao poeta tchecoslovaco Jan Neruda (1834-1891) –, sob o qual o jovem publicava poemas no periódico literário *Selva austral*. Vários dos poemas deste período estão presentes em *Crepusculário*, o primeiro livro do poeta a ser publicado, em 1923. No ano seguinte, 1924, foi publicado o livro *Veinte poemas de amor y uma canción desesperada*, no qual a mulher simboliza o mundo que o jovem poeta ansia por conhecer.

Além das suas atividades literárias, Neruda estudou francês e pedagogia na Universidade do Chile. No período de 1927 a 1935, trabalhou como diplomata para o governo chileno, vivendo em Burma, Ceilão, Java, Cingapura, Buenos Aires, Barcelona e Madri. Em 1930, casou-se com María Antonieta Hagenaar, de quem se divorciaria em 1936. Viveu com Delia de Carril a partir de meados da década de 30 (casaria-se com ela em 1943 e dela se divorciaria em 1955).

Em meio às turbulências políticas de proporções mundiais do período do entre-guerras, Neruda publicou o livro que marcaria um novo período em sua obra, *Residência na terra* (1933). Surgia uma poesia de um pessimismo social angustiado, marcada pela orientação política e culminando no grito pela revolução. Em 1936, o estouro da Guerra Civil Espanhola e o assassinato de Federico García Lorca, a quem Neruda conhecia, aproximam o poeta chileno dos republicanos espanhóis e faz com que ele seja destituído de seu cargo consular. Neruda exalta as forças republicanas espanholas em *Espanha no coração* (1937), livro de poemas que foi impresso no front da Guerra Espanhola e que, posteriormente, passou a integrar o livro *Terceira residência* (1947). Também no poema *Canto a Stalingrado*, recolhido em *Terceira residência* mas escrito nos anos antecedentes à Segunda Guerra Mundial, se pode perceber a forte inclinação esquerdista e engajamento político-social do poeta.

Em 1943, Neruda voltou ao Chile, e em 1945 foi eleito senador da república, filiando-se ao partido comunista chileno. Devido a suas manifestações contra a política repressiva do presidente Gonzales Videla para com mineiros em greve, teve de viver clandestinamente em seu próprio país por dois anos, até exilar-se, em 1949. Em 1950, foi publicado no México e clandestinamente no Chile o livro *Canto geral*, escrito por Neruda quando era cônsul-geral no México. Além de ser o título mais célebre de Neruda, *Canto geral* é uma obra-prima de poesia telúrica que exalta poderosamente toda a vida do Novo Mundo – os vegetais, os homens, os animais –, denuncia a impostura dos conquistadores e a tristeza dos povos explorados, expressando um grito de fraternidade através de imagens poderosas.

Após viver em diversos países, Neruda voltou ao Chile em 1952. Muito do que ele escreveu nesse tempo tem profundas marcas políticas, como é o caso de *As uvas e o vento* (1954), que pode ser considerado o diário de exílio do poeta.

Em 1955, ano de seu divórcio com sua segunda mulher, Neruda iniciaria um relacionamento com Mathilde Urrutia que duraria até a morte do poeta. Seguiram-se os livros *Estravagario* (1958), *Odas elementales* (1954-1959), *Cem sonetos de amor*

(1959), que inclui poemas dedicados a Matilde, *Memorial de isla negra*, obra autobiográfica em cinco volumes publicada em 1964, por ocasião do 60° aniversário do poeta, *Arte de pájaros* (1966), *La barcarola* (1967), a peça *Fulgor e morte de Joaquín Murieta* (1967), *Las manos del día* (1968), *Fin del mundo* (1969), *Las piedras del cielo* (1970) e *La Espada encendida* (1970).

Em 1971, Pablo Neruda recebeu a honraria máxima para um escritor, o Prêmio Nobel de Literatura, por causa de sua poesia que, "com a ação de forças elementares dá vida ao destino e aos sonhos de todo um continente". Publicou, a seguir, *Geografia infructuosa* (1972).

Pablo Neruda morreu em Santiago do Chile, em 23 de setembro de 1973, apenas alguns dias após o golpe militar que depusera da presidência do país o seu amigo Salvador Allende, em 11 de setembro.

Vários livros de poesia daquele que foi a voz poética mais célebre e universal do século 20 foram publicados postumamente. São eles: *El mar y las campanas* (1973), *El corazón amarillo* (1974), *Defectos escogidos* (1974), *El libro de las preguntas* (1974), *Elegia* (1974) e *Jardim de inverno* (1975). Também foram publicados após a morte de Neruda os livros de prosa *Confesso que vivi* (memórias), 1974, e *Para nascer he nascido* (1978).

6,50

Coleção **L&PM** POCKET

346.**Cavalos do amanhecer** – Mario Arregui
347.**Biografia de Vincent van Gogh por sua cunhada** – Jo van Gogh-Bonger
348.**Radicci 3** – Iotti
349.**Nada de novo no front** – E. M. Remarque
350.**A hora dos assassinos** – Henry Miller
351.**Flush - Memórias de um cão** – Virginia Woolf
352.**A guerra no Bom Fim** – M. Scliar
353(1).**O caso Saint-Fiacre** – Simenon
354(2).**Morte na alta sociedade** – Simenon
355(3).**O cão amarelo** – Simenon
356(4).**Maigret e o homem do banco** – Simenon
357.**As uvas e o vento** – Pablo Neruda
358.**On the road** – Jack Kerouac
359.**O coração amarelo** – Pablo Neruda
360.**Livro das perguntas** – Pablo Neruda
361.**Noite de Reis** – William Shakespeare
362.**Manual de Ecologia** – vol.1 – J. Lutzenberger
363.**O mais longo dos dias** – Cornelius Ryan
364.**Foi bom prá você?** – Nani
365.**Crepusculário** – Pablo Neruda
366.**A comédia dos erros** – Shakespeare
367(5).**A primeira investigação de Maigret** – Simenon
368(6).**As férias de Maigret** – Simenon
369.**Mate-me por favor (vol.1)** – L. McNeil
370.**Mate-me por favor (vol.2)** – L. McNeil
371.**Carta ao pai** – Kafka
372.**Os Vagabundos iluminados** – J. Kerouac
373(7).**O enforcado** – Simenon
374(8).**A fúria de Maigret** – Simenon
375.**Vargas, uma biografia política** – H. Silva
376.**Poesia reunida (vol.1)** – A. R. de Sant'Anna
377.**Poesia reunida (vol.2)** – A. R. de Sant'Anna
378.**Alice no país do espelho** – Lewis Carroll
379.**Residência na Terra 1** – Pablo Neruda
380.**Residência na Terra 2** – Pablo Neruda
381.**Terceira Residência** – Pablo Neruda
382.**O delírio amoroso** – Bocage
383.**Futebol ao sol e à sombra** – E. Galeano
384(9).**O porto das brumas** – Simenon
385(10).**Maigret e seu morto** – Simenon
386.**Radicci 4** – Iotti
387.**Boas maneiras & sucesso nos negócios** – Celia Ribeiro
388.**Uma história Farroupilha** – M. Scliar
389.**Na mesa ninguém envelhece** – J. A. P. Machado
390.**200 receitas inéditas do Anonymus Gourmet** – J. A. Pinheiro Machado
391.**Guia prático do Português correto – vol. 2** – Cláudio Moreno
392.**Breviário das terras do Brasil** – Luiz Antonio de Assis Brasil
393.**Cantos Cerimoniais** – Pablo Neruda
394.**Jardim de Inverno** – Pablo Neruda
395.**Antonio e Cleópatra** – William Shakespeare
396.**Tróia** – Cláudio Moreno
397.**Meu tio matou um cara** – Jorge Furtado
398.**O anatomista** – Federico Andahazi
399.**As viagens de Gulliver** – Jonathan Swift
400.**Dom Quixote – v.1** – Miguel de Cervantes
401.**Dom Quixote – v.2** – Miguel de Cervantes
402.**Sozinho no Pólo Norte** – Thomas Brandolin
403.**Matadouro 5** – Kurt Vonnegut
404.**Delta de Vênus** – Anaïs Nins
405.**Hagar 2** – Dick Browne
406.**É grave Doutor?** – Nani
407.**Orai pornô** – Nani
408(11).**Maigret em Nova York** – Simenon
409(12).**O assassino sem rosto** – Simenon
410(13).**O mistério das jóias roubadas** – Simenon
411.**A irmãzinha** – Raymond Chandler
412.**Três contos** – Gustave Flaubert
413.**De ratos e homens** – John Steinbeck
413.**De ratos e homens** – John Steinbeck
414.**Lazarilho de Tormes**
415.**Triângulo das águas** – Caio Fernando Abreu
416.**100 receitas de carnes** – Sílvio Lancellotti
417.**Histórias de robôs: volume 1** – Isaac Asimov
418.**Histórias de robôs: volume 2** – Isaac Asimov
419.**Histórias de robôs: volume 3** – Isaac Asimov
420.**O país dos centauros** – Tabajara Ruas
421.**A república de Anita** – Tabajara Ruas
422.**A carga dos lanceiros** – Tabajara Ruas
423.**Um amigo de Kafka** – Isaac Singer
424.**As alegres matronas de Windsor** – Shakespeare
425.**Amor e exílio** – Isaac Bashevis Singer
426.**Use & abuse do seu signo** – Marília Fiorillo e Marylou Simonsen
427.**Pigmaleão** – Bernard Shaw
428.**As fenícias** – Eurípides
429.**Everest** – Thomaz Brandolin
430.**A arte de furtar** – Anônimo do séc. XVI
431.**Billy Bud** – Herman Melville
432.**A rosa separada** – Pablo Neruda
433.**Elegia** – Pablo Neruda
434.**A garota de Cassidy** – David Goodis
435.**Como fazer a guerra: máximas de Napoleão**
436.**Antologia poética** – Emily Dickinson
437.**Gracias por el fuego** – Mario Benedetti
438.**O sofá** – Crébillon Fils
439.**O 'Martin Fierro'** – Jorge Luis Borges
440.**Trabalhos de amor perdidos** – W. Shakespeare
441.**O melhor de Hagar 3** – Dik Browne
442.**Os Maias (volume1)** – Eça de Queiroz
443.**Os Maias (volume2)** – Eça de Queiroz

Coleção **L&PM** POCKET / Saúde

1.**Pílulas para viver melhor** – Dr. Lucchese
2.**Pílulas para prolongar a juventude** – Dr. Lucchese
3.**Desembarcando o Diabetes** – Dr. Lucchese
4.**Desembarcando o Sedentarismo** – Dr. Lucchese e Cláudio Castro
5.**Desembarcando a Hipertensão** – Dr. Lucchese